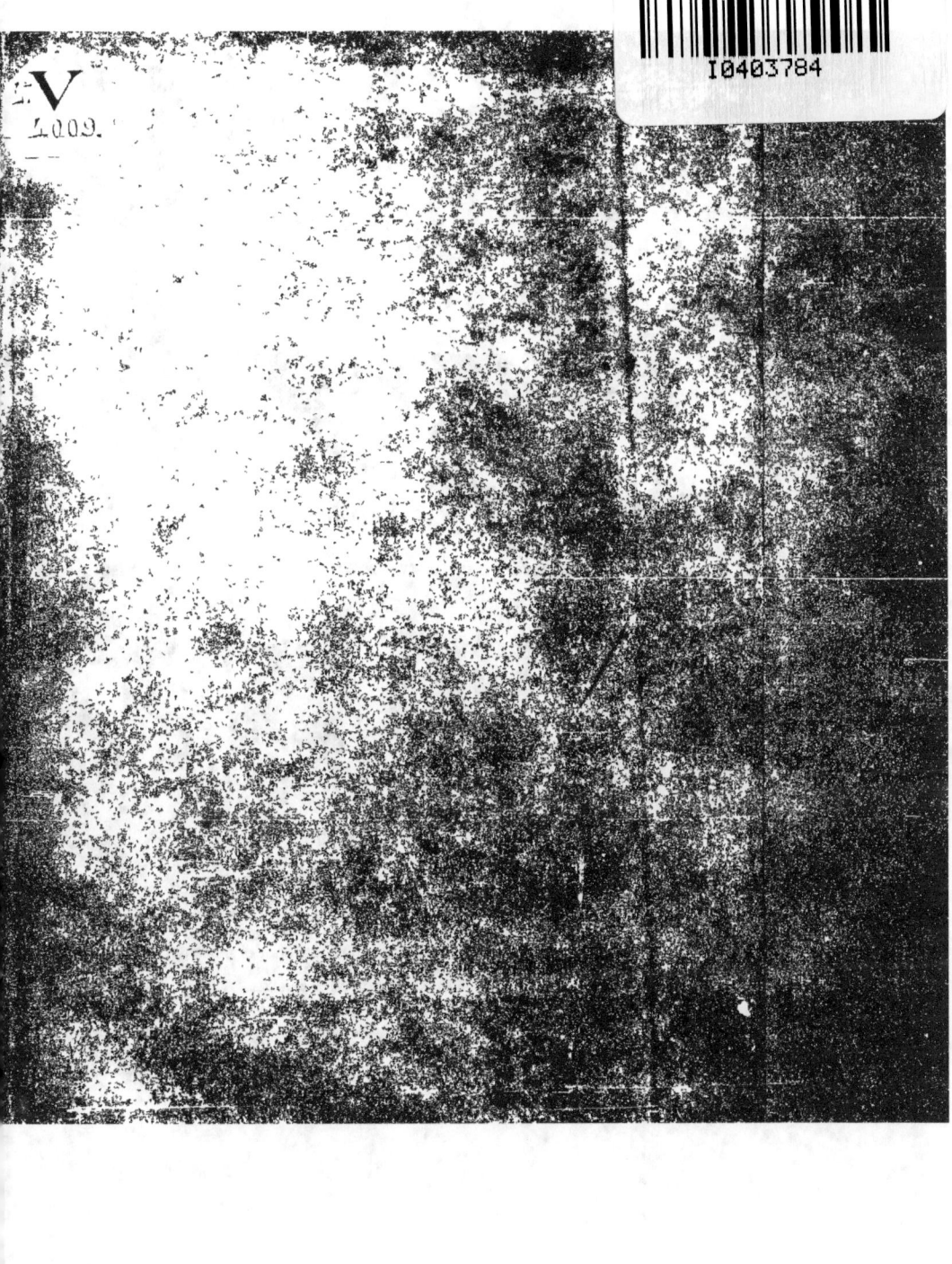

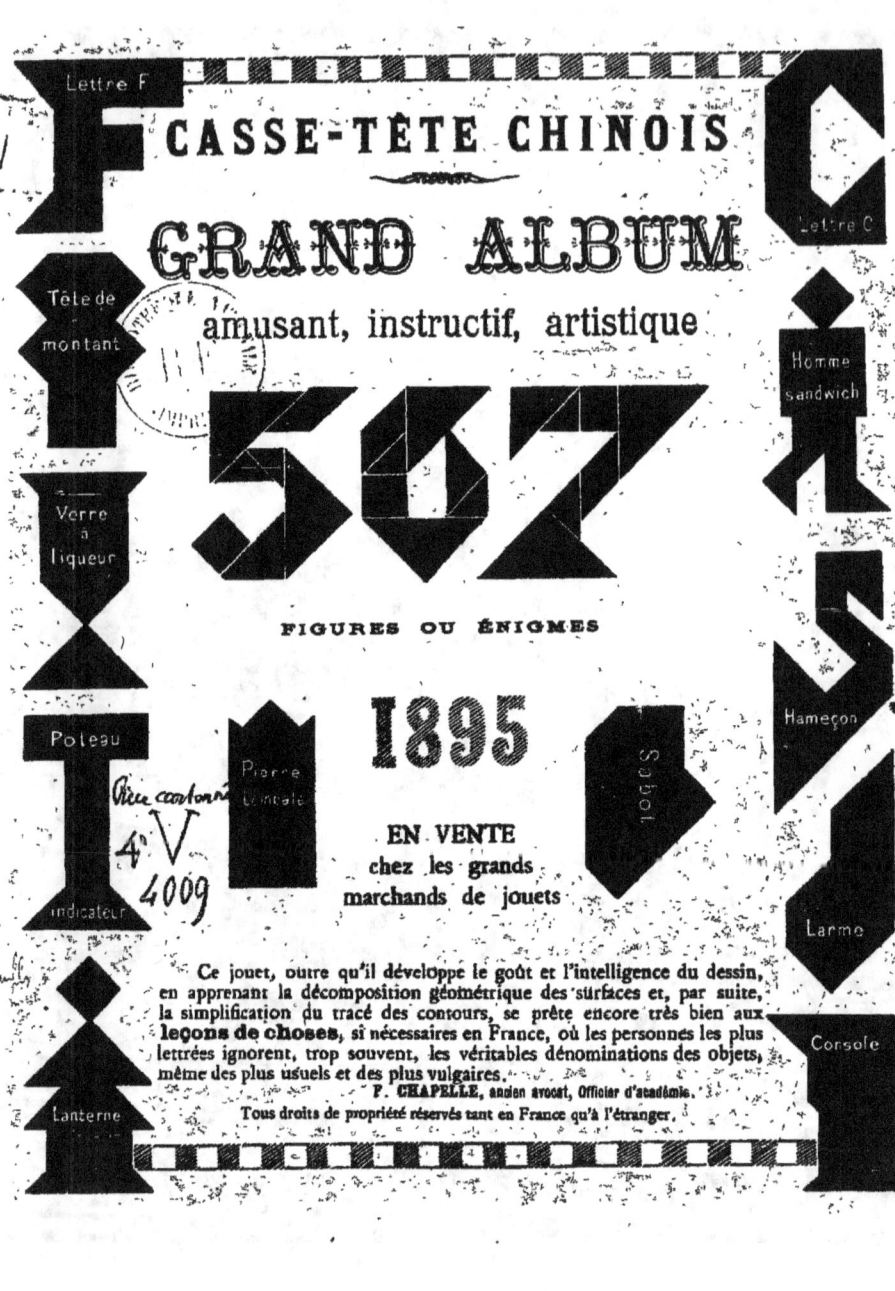

CASSE-TÊTE CHINOIS

GRAND ALBUM

amusant, instructif, artistique

567

FIGURES OU ÉNIGMES

1895

EN VENTE
chez les grands
marchands de jouets

Lettre F

Tête de montant

Verre à liqueur

Poteau

Indicateur

Lanterne

Pierre lancéolé

Lettre C

Homme sandwich

Sabot

Hameçon

Larme

Console

Ce jouet, outre qu'il développe le goût et l'intelligence du dessin, en apprenant la décomposition géométrique des surfaces et, par suite, la simplification du tracé des contours, se prête encore très bien aux **leçons de choses**, si nécessaires en France, où les personnes les plus lettrées ignorent, trop souvent, les véritables dénominations des objets, même des plus usuels et des plus vulgaires.

P. CHAPELLE, ancien avocat, Officier d'académie.

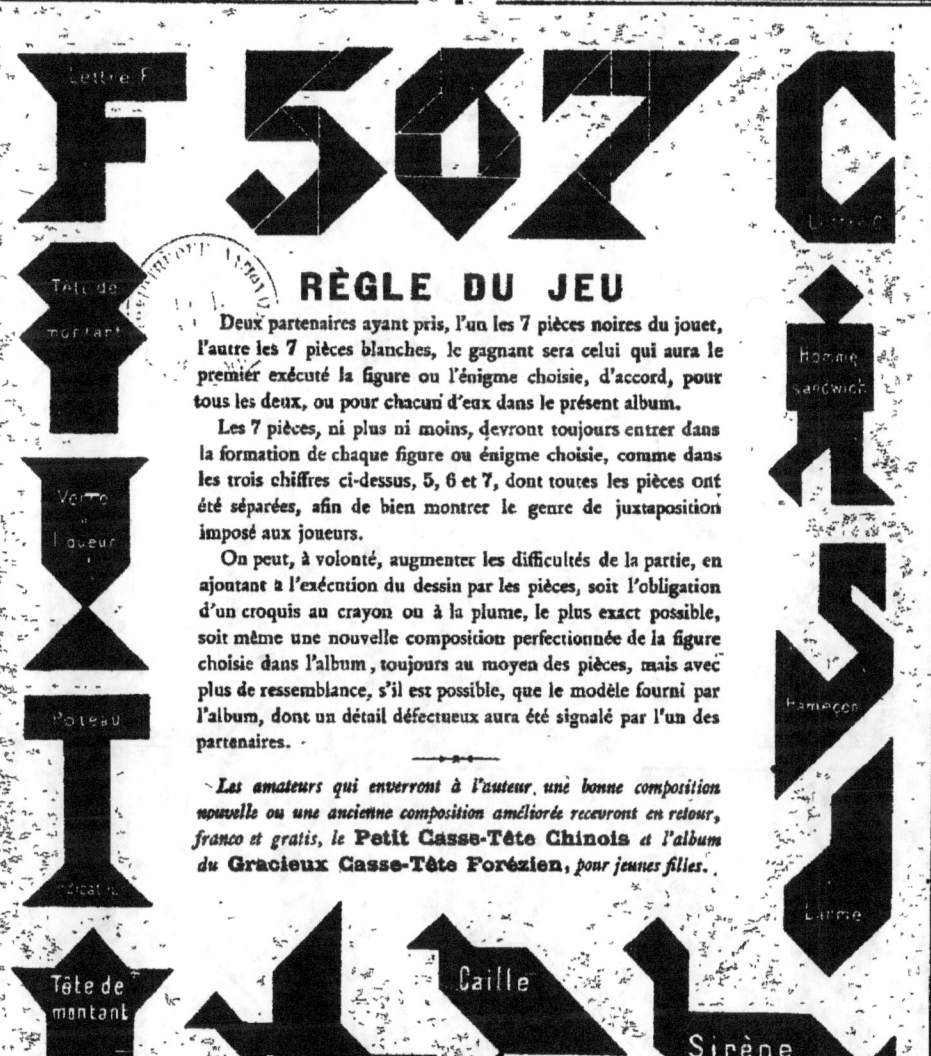

RÈGLE DU JEU

Deux partenaires ayant pris, l'un les 7 pièces noires du jouet, l'autre les 7 pièces blanches, le gagnant sera celui qui aura le premier exécuté la figure ou l'énigme choisie, d'accord, pour tous les deux, ou pour chacun d'eux dans le présent album.

Les 7 pièces, ni plus ni moins, devront toujours entrer dans la formation de chaque figure ou énigme choisie, comme dans les trois chiffres ci-dessus, 5, 6 et 7, dont toutes les pièces ont été séparées, afin de bien montrer le genre de juxtaposition imposé aux joueurs.

On peut, à volonté, augmenter les difficultés de la partie, en ajoutant à l'exécution du dessin par les pièces, soit l'obligation d'un croquis au crayon ou à la plume, le plus exact possible, soit même une nouvelle composition perfectionnée de la figure choisie dans l'album, toujours au moyen des pièces, mais avec plus de ressemblance, s'il est possible, que le modèle fourni par l'album, dont un détail défectueux aura été signalé par l'un des partenaires.

Les amateurs qui enverront à l'auteur une bonne composition nouvelle ou une ancienne composition améliorée recevront en retour, franco et gratis, le **Petit Casse-Tête Chinois** *et l'album du* **Gracieux Casse-Tête Forézien,** *pour jeunes filles.*

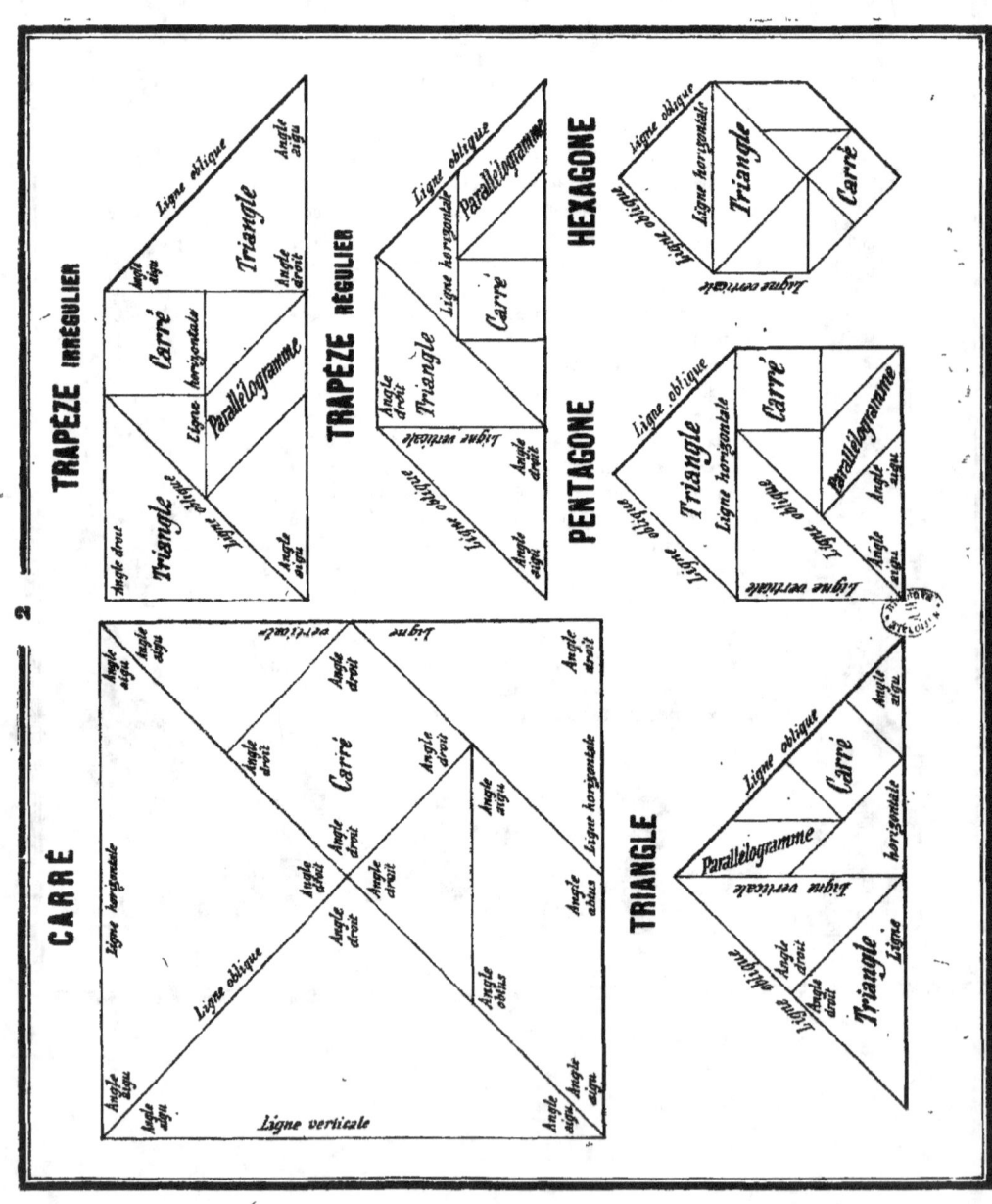

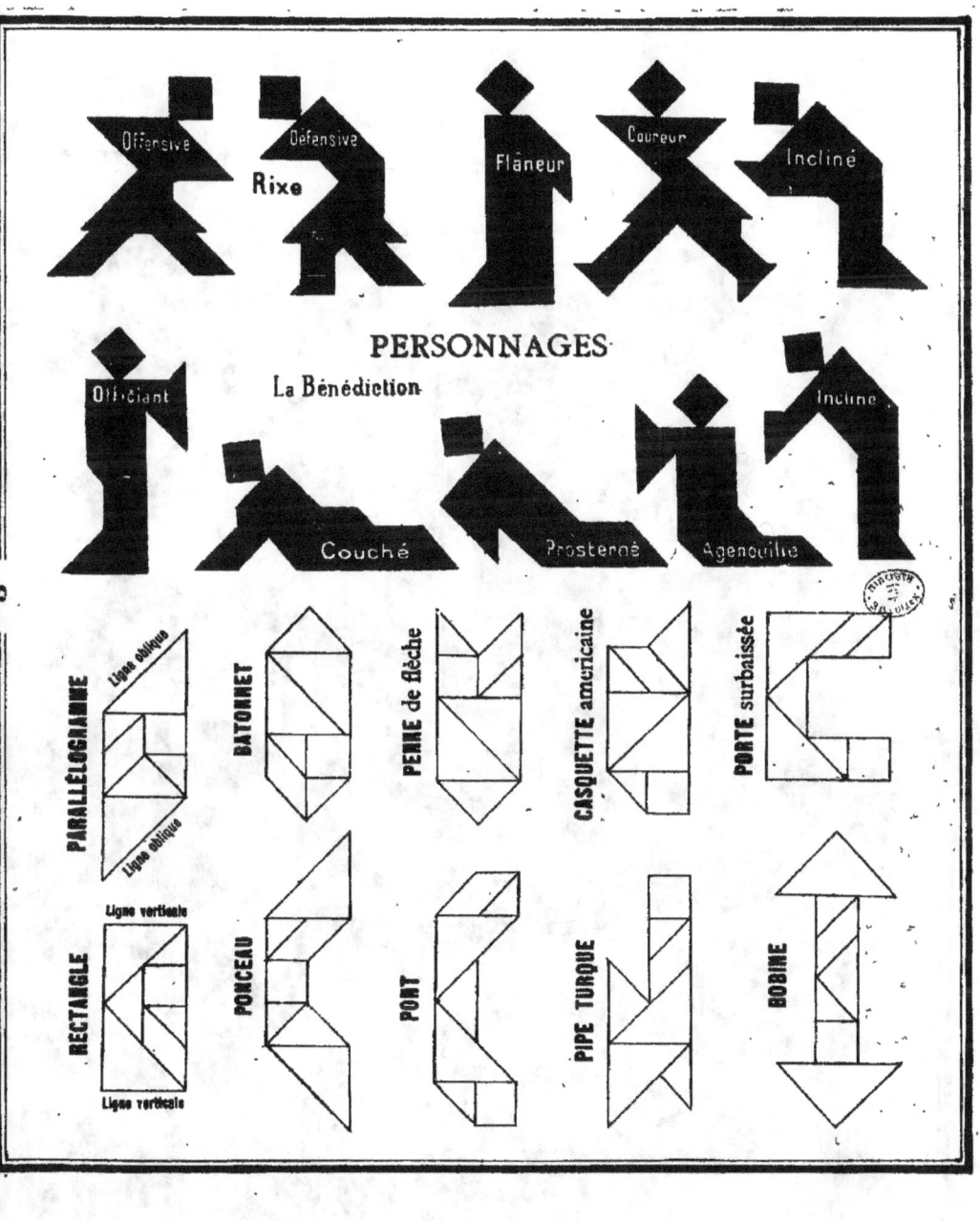

Offensive

Défensive

Rixe

Flâneur

Coureur

Incliné

PERSONNAGES

La Bénédiction

Officiant

Incliné

Couché

Prosterné

Agenouillé

PARALLÉLOGRAMME
Ligne oblique
Ligne oblique

BATONNET

PENNE de flèche

CASQUETTE américaine

PORTE surbaissée

RECTANGLE
Ligne verticale
Ligne verticale

PONCEAU

PONT

PIPE TURQUE

BOBINE

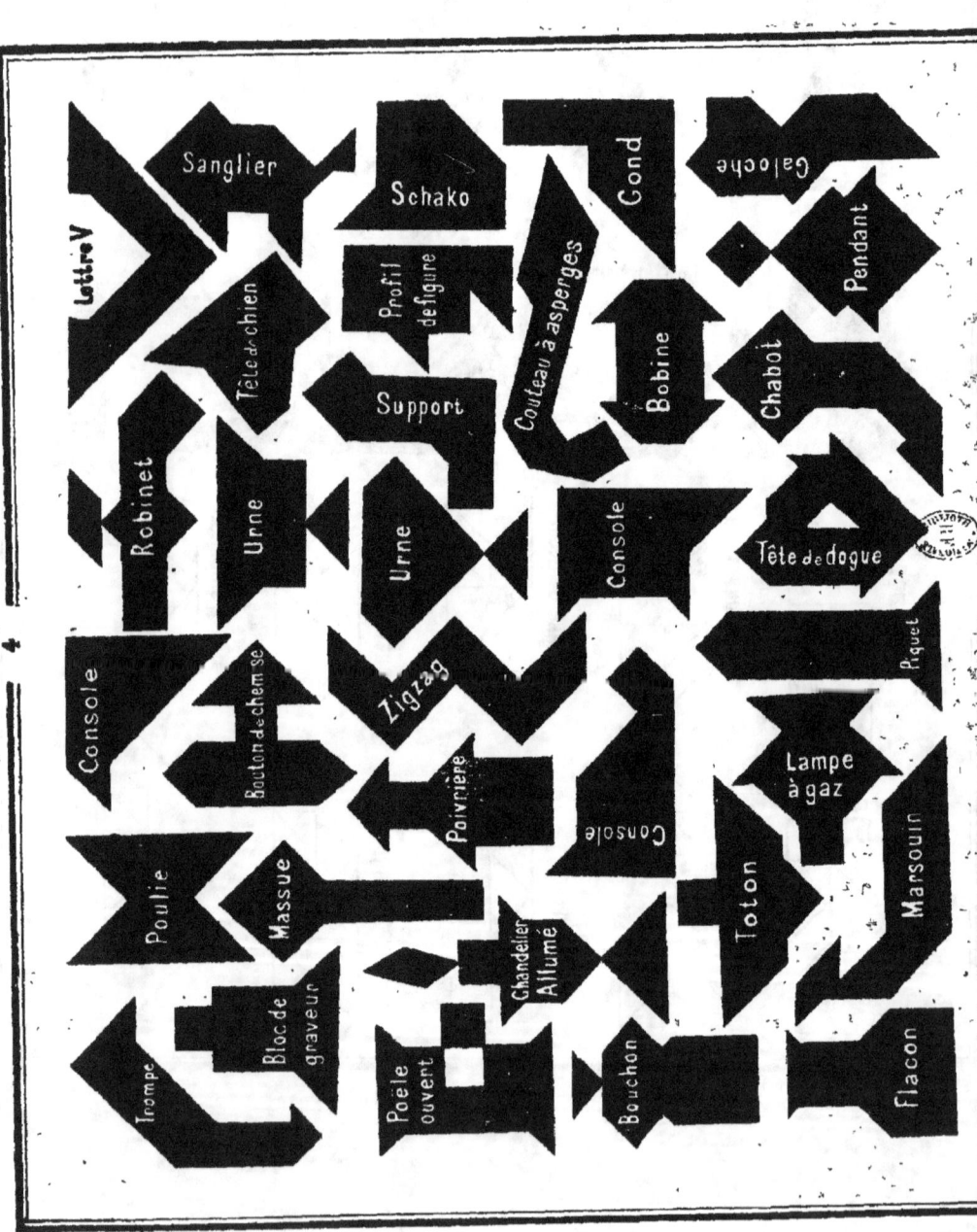

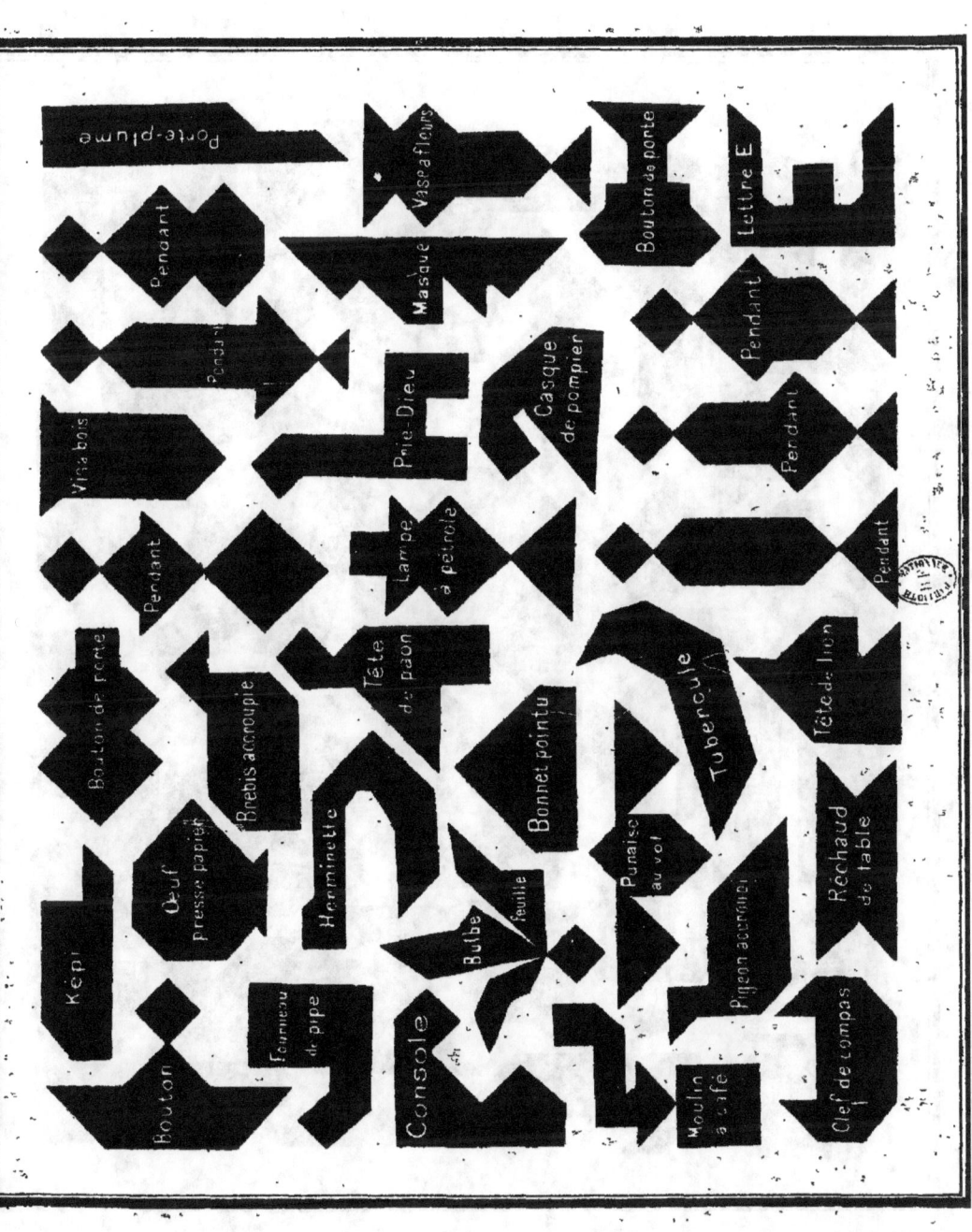

Porte-plume

Vase à fleurs

Masque

Bouton de porte

Lettre E

Pendant

Produit

Pendant

Vis à bois

Prie-Dieu

Casque de pompier

Pendant

Pendant

Bouton de porte

Pendant

Lampe à pétrole

Pendant

Tête de paon

Tubercule

Tête de lion

Brebis accroupie

Bonnet pointu

Bouton de porte

Herminette

Punaise au vol

Œuf presse papier

Feuille

Réchaud de table

Képi

Bulbe

Pigeon accroupi

Clef de compas

Fourneau de pipe

Console

Moulin à café

Bouton

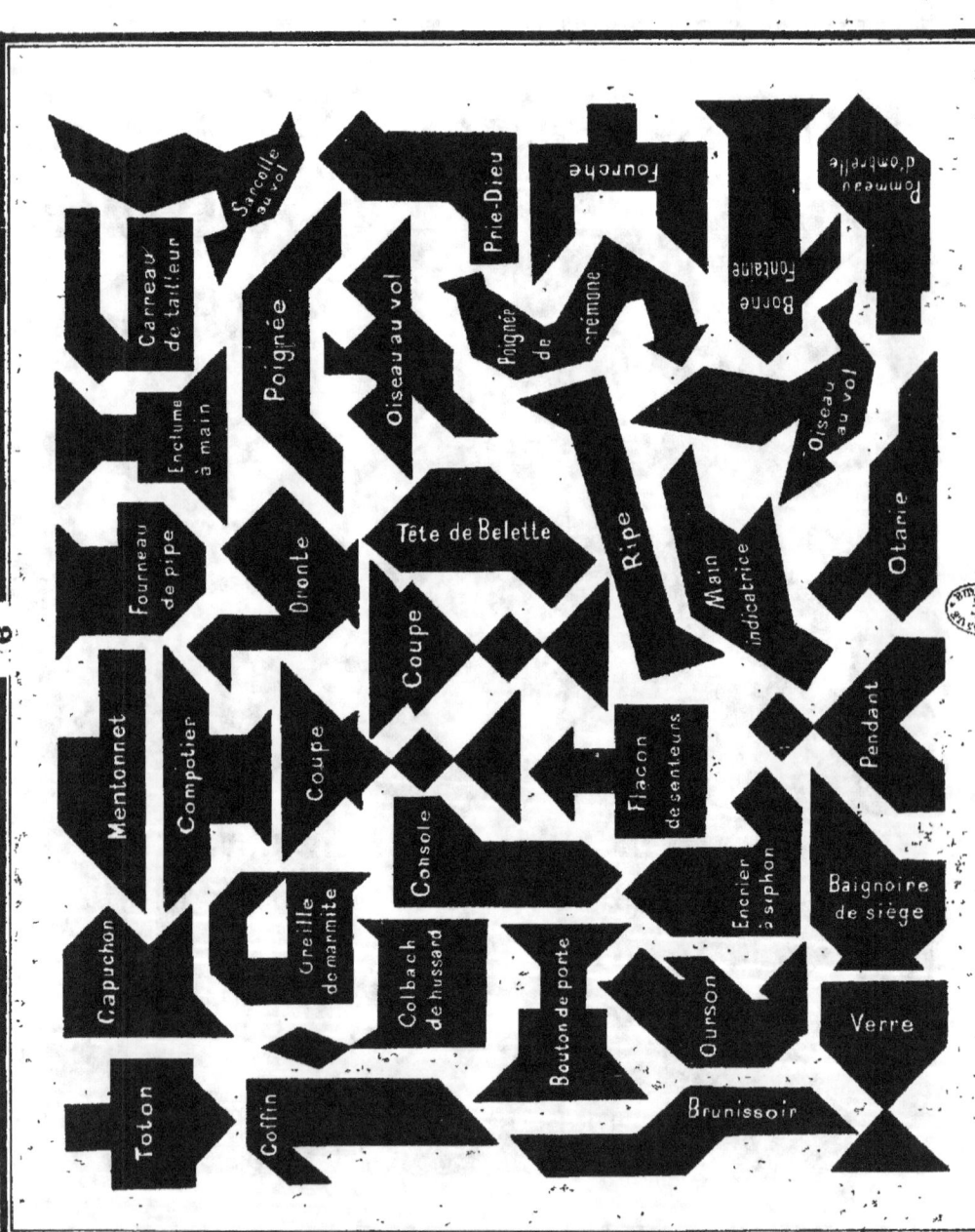

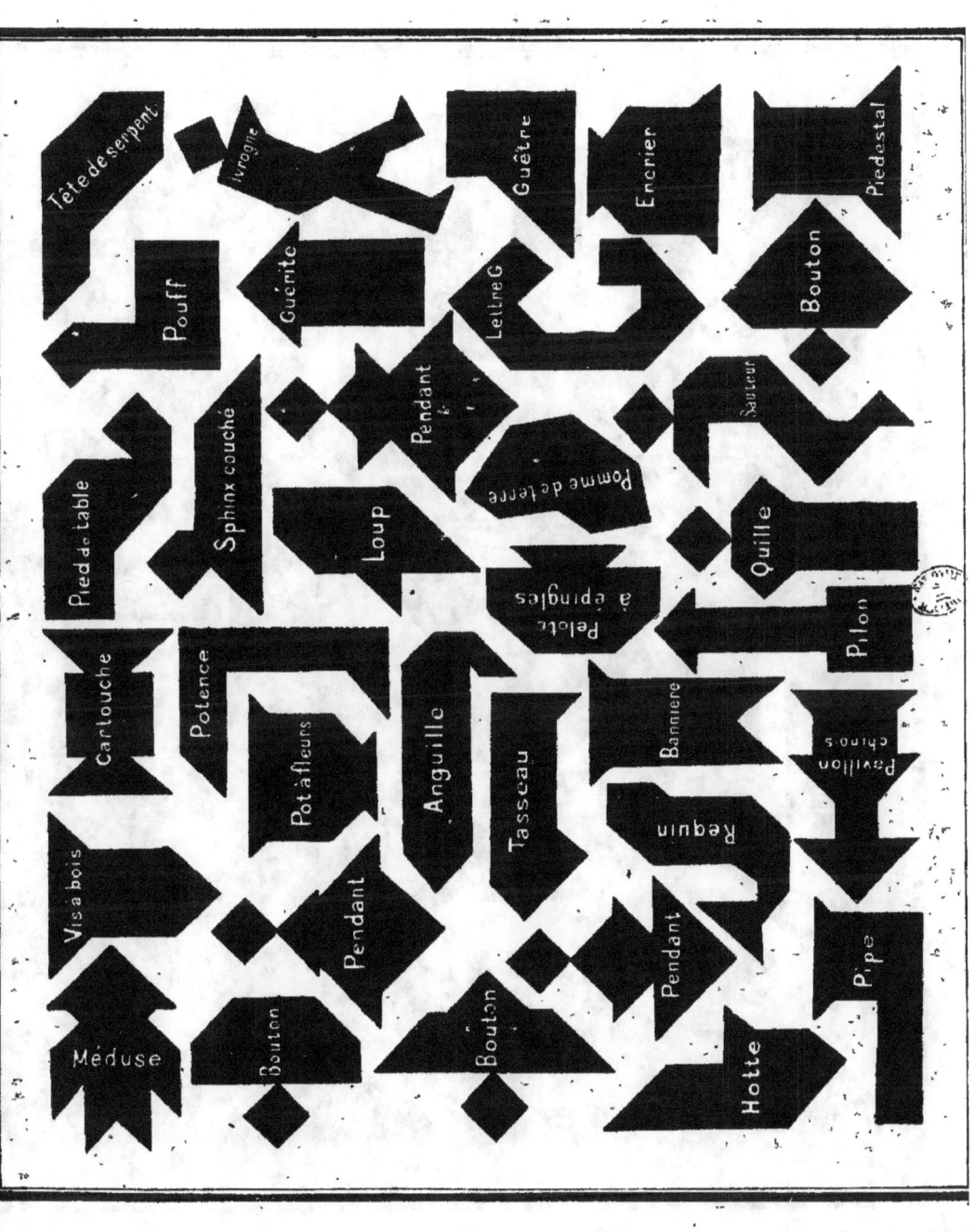

Chapeau Panama

Houppe à poudrer

Lanterne de voiture

Lettre N

Porte-foret

Berceau

Hector

Goulot de Flacon

Sifflet

Croc

Accent circonflexe

Bouton de manchettes

Sabre bayon-nette

Petite pelle

Lanterne

Tête de grenouille

Croc

Lune

Vase à fleurs

Chambranle

Cuvette

Faucille

Passerelle

Salière double

Taupe

Toucan

Tête de morse

Gigot

Poignée d'ombrelle

Porte-chapeau

Ours blanc

Lettre J

Abat-jour de lampe

Poignée d'ombrelle

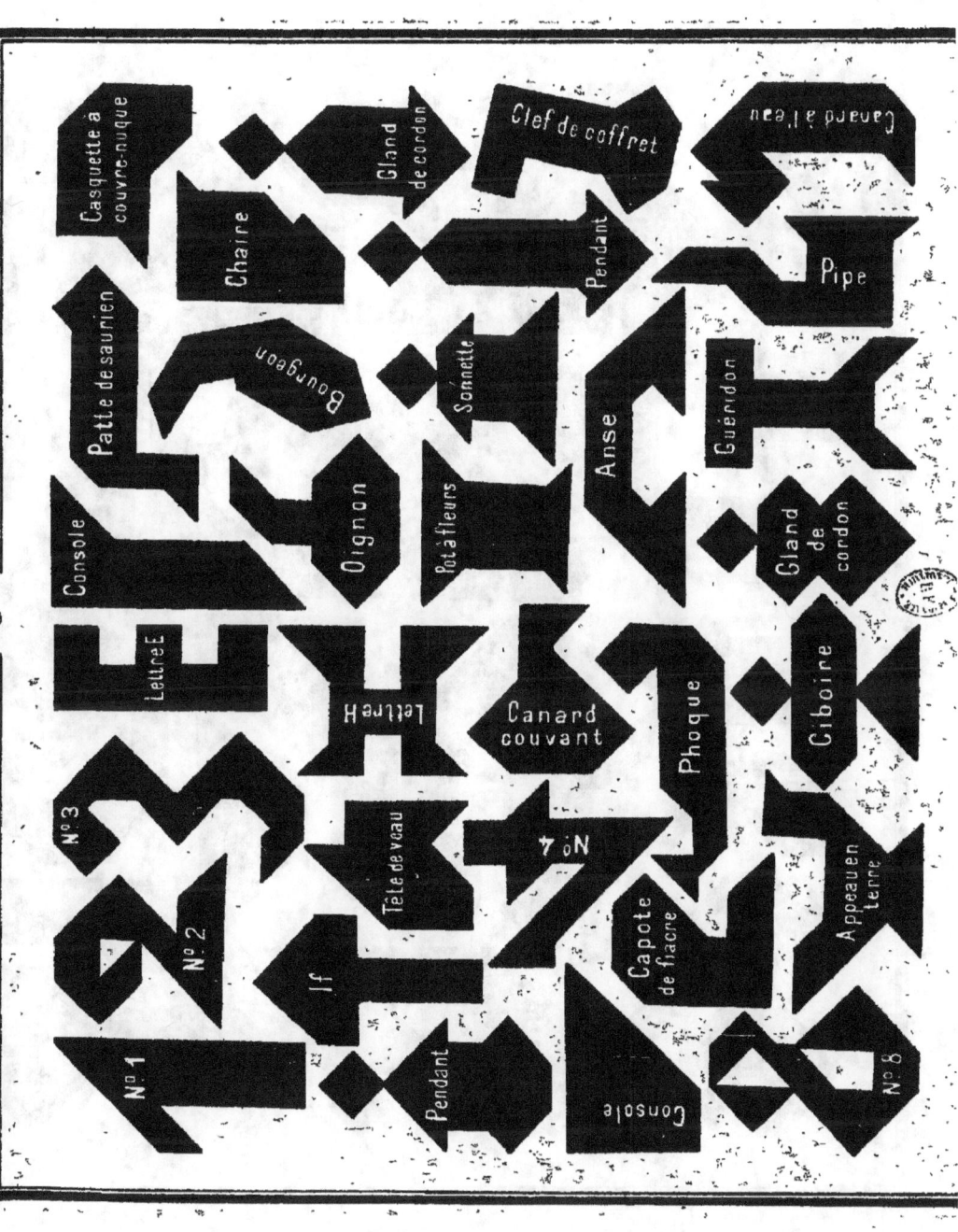

Casquette à couvre-nuque
Gland de cordon
Clef de coffret
Canard à l'eau
Chaire
Pendant
Pipe
Patte desaurien
Bourgeon
Sonnette
Guéridon
Console
Oignon
Pot à fleurs
Anse
Gland de cordon
Lettre E
Lettre H
Canard couvant
Phoque
Ciboire
N° 3
Tête de veau
N° 4
N° 2
If
Capote de fiacre
Appeau en terre
N° 1
Pendant
Console
N° 8

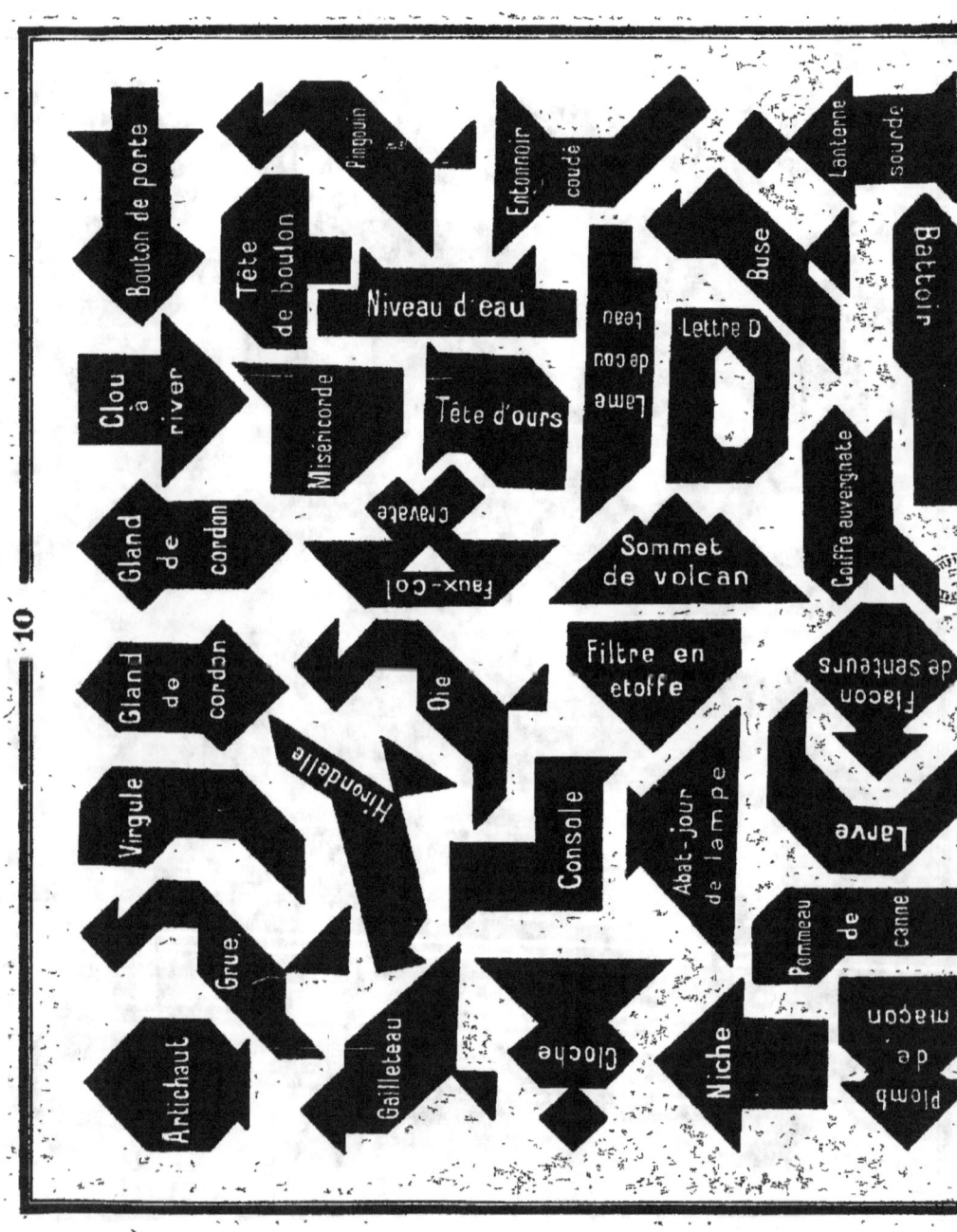

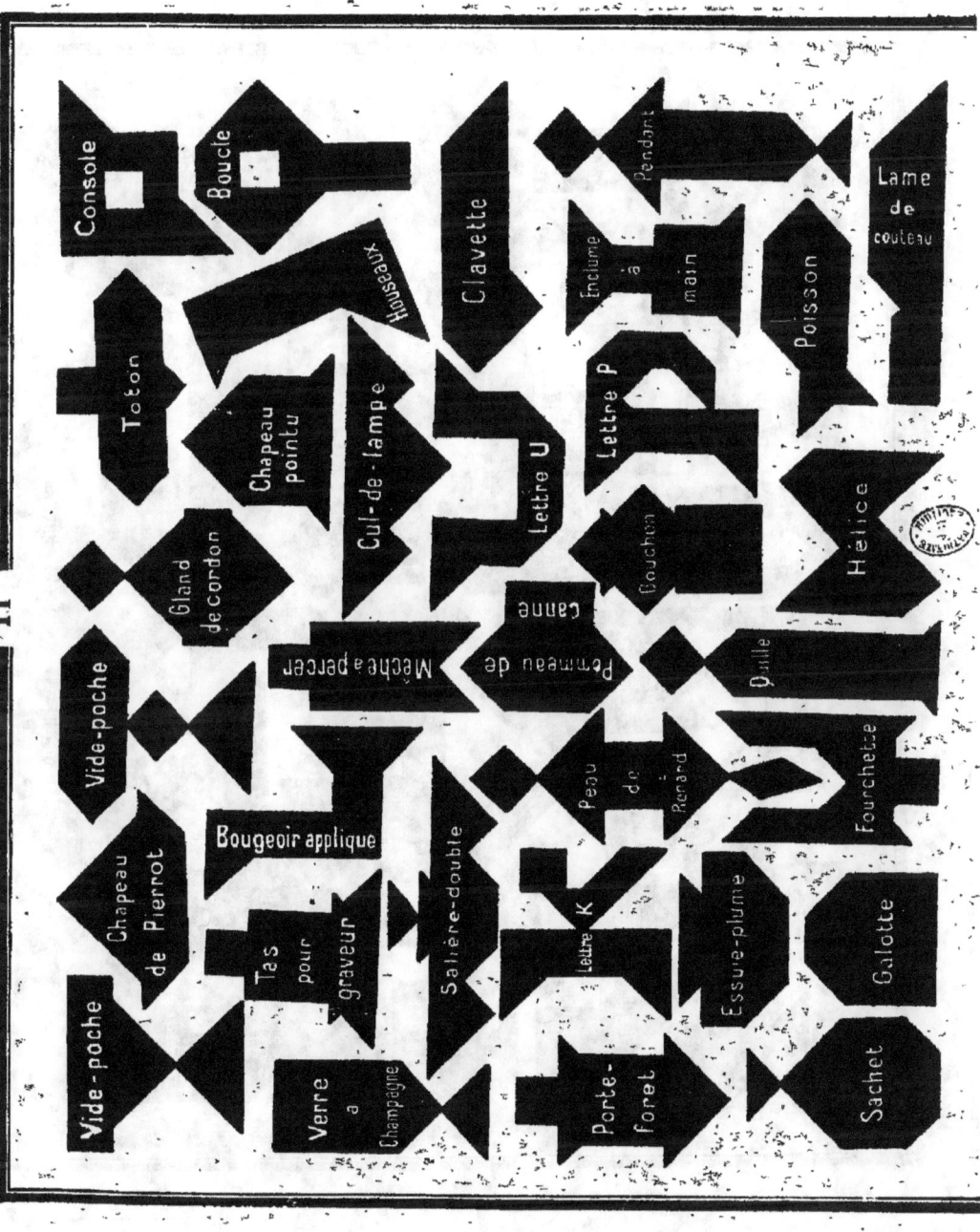

Plateau à lampe

Lettre I

Lettre L

Lettre S

Lettre E

Lettre O

Pelote à épingles

Pendant

Vis à bois

Zigzag

Lettre J

Soulier d'enfant

Urinal

Corbeille à pain

Clef de coffret

Mèche à percer

Lettre t

Lettre F

Clef de tirant

Burette à huile

Toiture

Lettre T

Lettre Z

Pelle à doille

Chapeau haut

Clef d'écrou

Lampe modérateur

Bougeoir

Miséricorde

Pied de cheval

Sonnette à timbre

Cochon d'inde

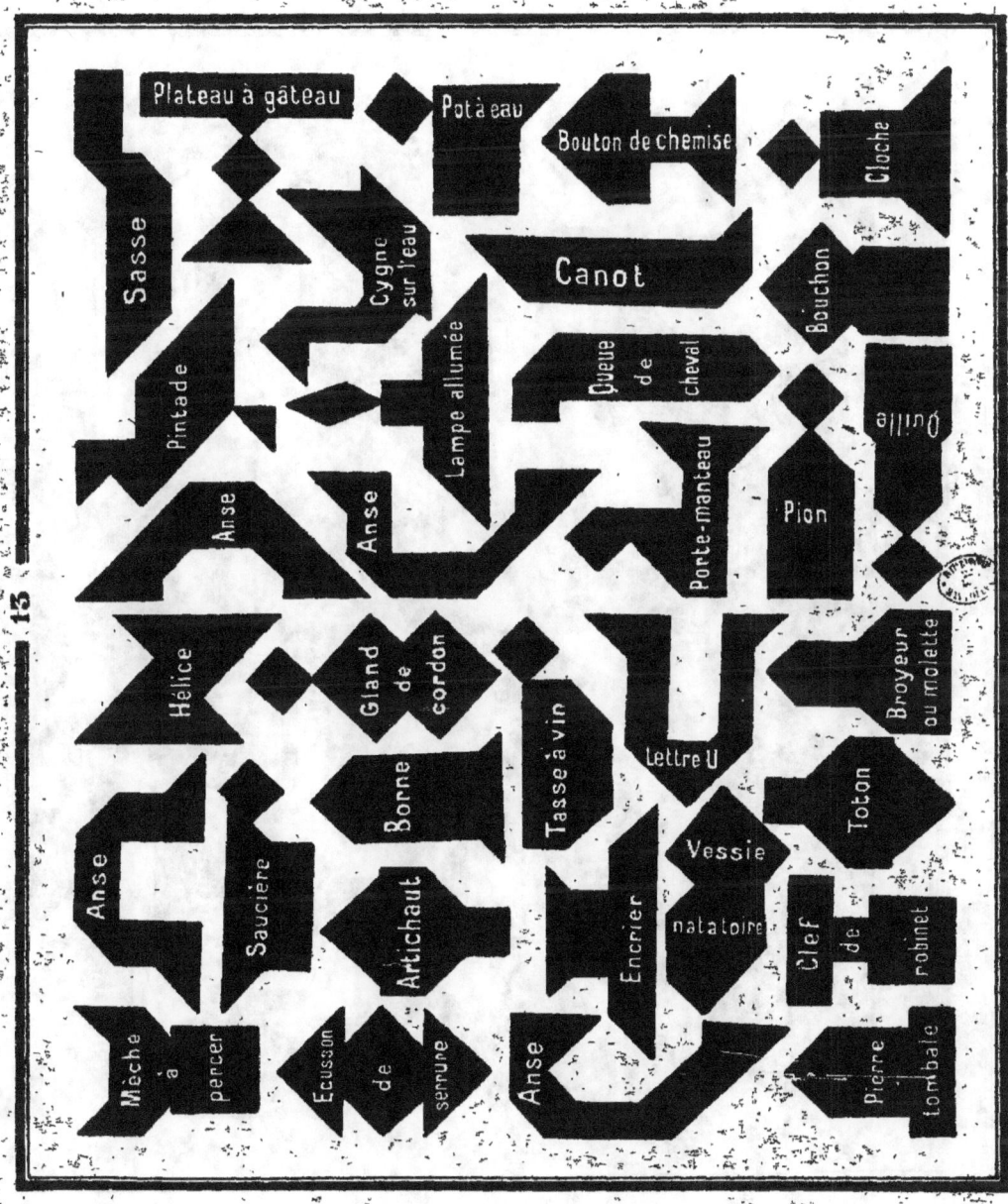

Vase à fleurs — Chandelier — Lanterne de voiture — Chenet — Salamandre — Chandelier allumé — Chandelier allumé — Pipe — Lame de fendoir — Bougeoir — Saladier — Taupeau — Couvercle — Urne — Soupière — Tétard — Saladier — Pistolet — Serin perché — Cloche à melon — Vase à fleurs — Poule couvant — Coupe — Hachette — Forme de soulier — Lame de scie — Compotier — Compotier — Bouquetière — Mortier et pilon — Couperet — Aile — Poussin — Misericorde — Cul-de-lampe

Poire

Gland de chêne

Furet

Chaton

Timbre

Douille

Rave Feuillée

Cul-de-lampe

Bouchon

Bloc pour graveur

Escargot

Vase à fleurs

Cornes du daim

Cœur

Loutre

Console

Pied de table

Tête de canard

Coin

Vase à fleurs

Vase à fleurs

Pigeon

Crochet

Chandelier

Chandelier

Lettre Z

Casquette de jockey

Sabot (jouet)

Enclume

Chiffre 9

Genouillère

Crochet

Lampe

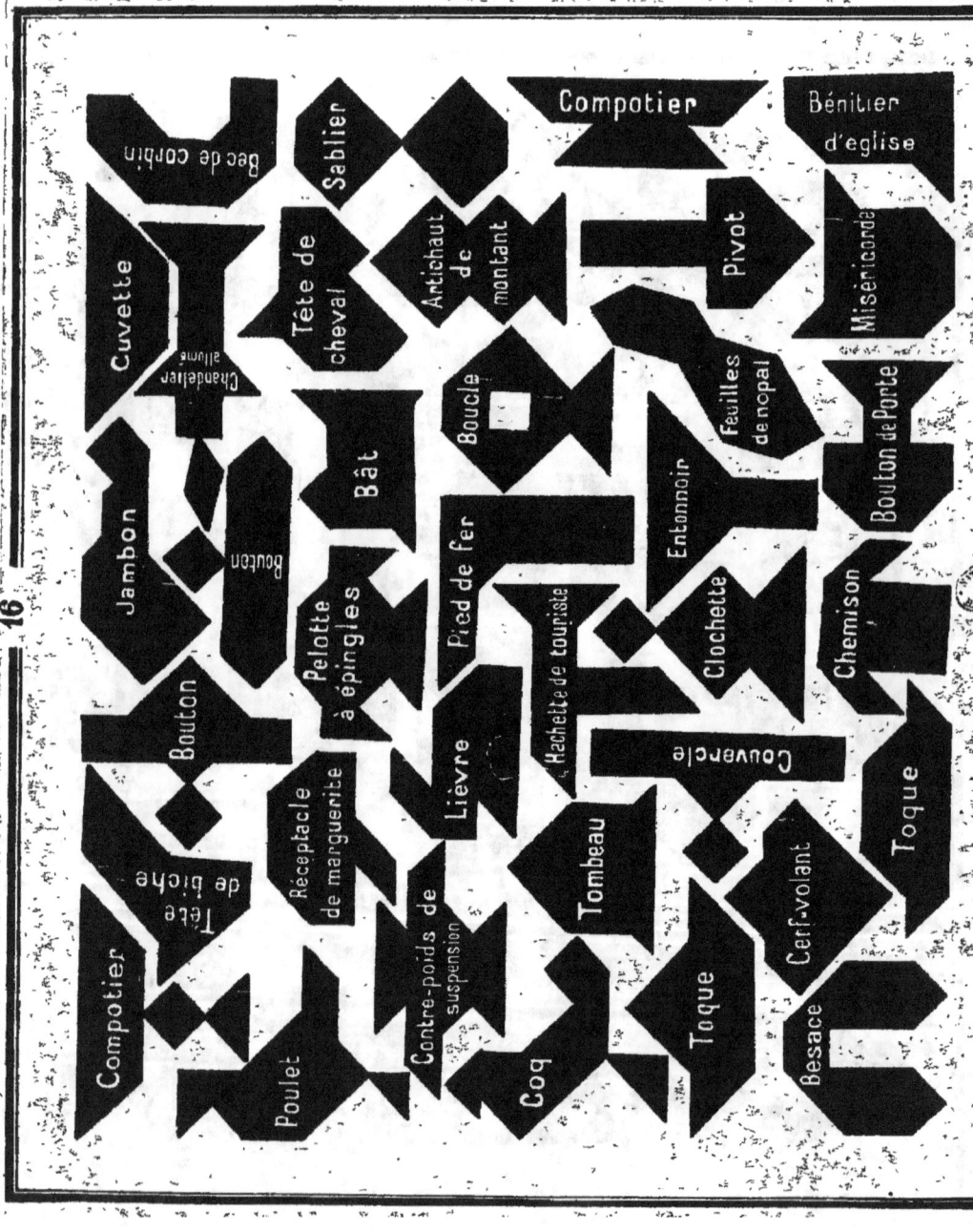

Bec de corbin

Sablier

Compotier

Bénitier d'eglise

Cuvette

Tête de cheval

Artichaut de montant

Pivot

Miséricorde

Chandelier allumé

Boucle

Feuilles de nopal

Bouton de Porte

Bât

Jambon

Bouton

Pelotte à épingles

Pied de fer

Entonnoir

Clochette

Chemison

Bouton

Réceptacle de marguerite

Hachette de touriste

Couvercle

Toque

Tête de biche

Lièvre

Compotier

Poulet

Contre-poids de suspension

Coq

Tombeau

Toque

Cerf-volant

Besace

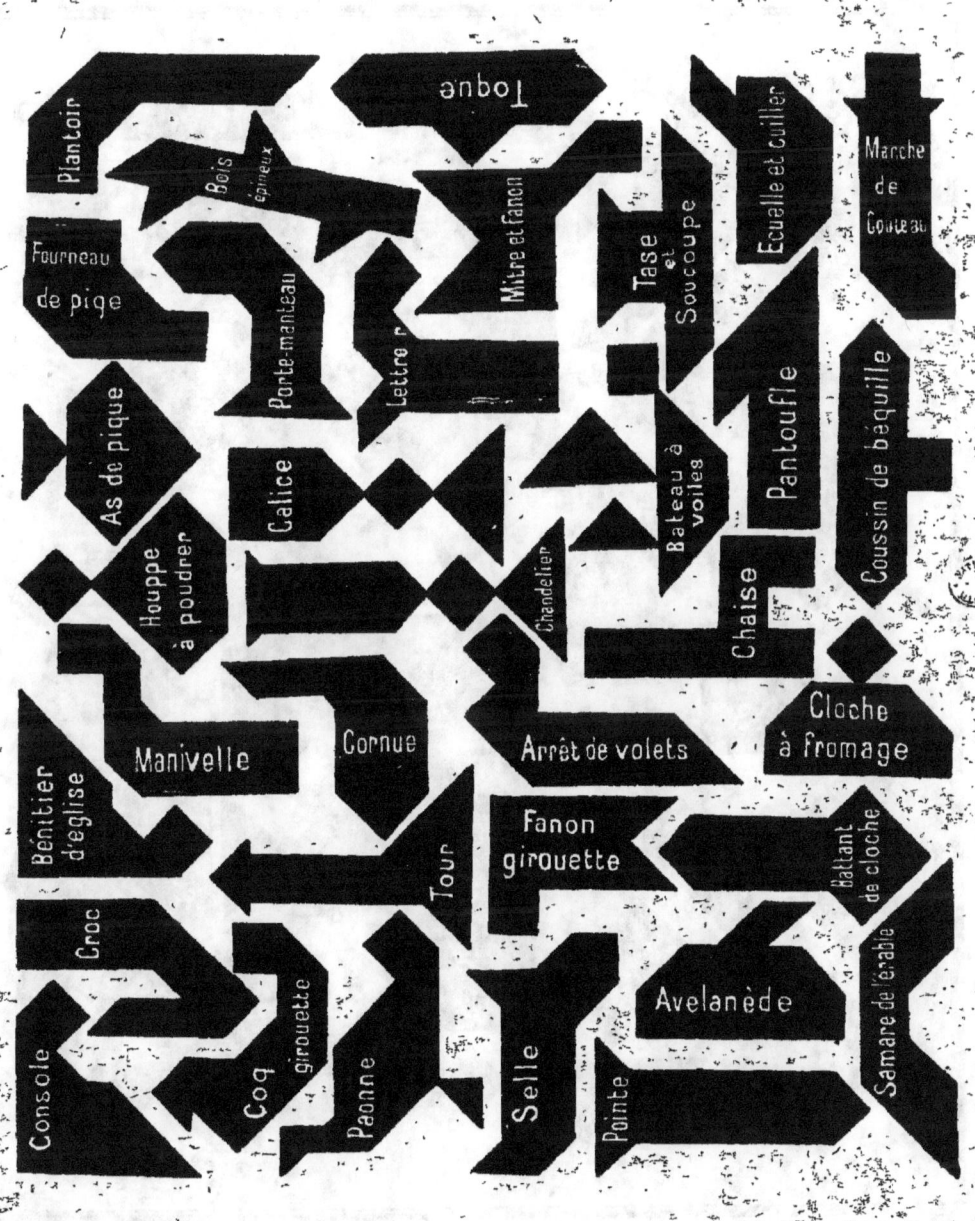

Marmotte

Toque

Fer de serpe

Casserole

Lettre "J"

Pot à Fleurs

Hausse-col

fente ouverte

Fraise

Turbot

Toupie

Tasse de café

Réceptacle de soleil

Pivert

Champignon

Bouquet phrygien

Poids

Ecusson

Topinambour

Tête de bourriquet

Ecusson

Ustensoir

Cul-de-lampe

Carreau

Ecrou à oreilles

Trompe

Point d'interrogation

Ballon

Pivot

Collier de cheval

Poulie

Flacon

Coquetier

Serpette

Lampe à pétrole allumée

Marteau

Petit bateau

Encrier

Couteau

Mire de géomètre

Moineau

Tête de chat

Bol

Bourse double

Pot à fleurs

Poulie

Toton

Faisan perché

Gradin

Cocote

Aréomètre

Ciboire

Abat-jour de lampe

Fer de pique

Oiseau au vol

Pie

Patte de lion

Canard

Fer de hache

Dragon volant

Chausson

Crabe

Chat accroupi

Urne

Diable

Poulet courant

Lanterne de voiture

Bobine

www.ingramcontent.com/pod-product-compliance
Lightning Source LLC
Chambersburg PA
CBHW030131230526
45469CB00005B/1912